Commentaire

Par Patrick Olivero

Cours de linguistique générale

Chapitres 1 et 2 : signe, signifié et signifiant

Saussure

SAUSSURE

LINGUISTE SUISSE FONDATEUR
DE LA LINGUISTIQUE MODERNE

- **Né en 1857 à Genève**
- **Décédé en 1913 à Vufflens-le-Château (Suisse)**
- **Quelques-unes de ses œuvres :**
  - *Mémoire sur le système primitif des voyelles dans les langues indo-européennes* (1879)
  - *De l'emploi du génitif absolu en sanskrit* (1880)
  - *Cours de linguistique générale* (1916)

Ferdinand de Saussure est né à Genève en 1857, dans une famille de notables, d'intellectuels et de savants. En 1875, il s'inscrit à l'université de Leipzig et rejoint la Société de linguistique de Paris. En 1879, il publie son *Mémoire sur le système primitif des voyelles dans les langues indo-européennes*, puis soutient l'année suivante sa thèse de doctorat, *De l'emploi du génitif absolu en sanskrit*. Il poursuit ensuite ses études à Paris où il est nommé maitre de conférences à l'École des hautes études, poste qu'il occupe de 1881 à 1887.

En 1891, il quitte Paris pour Genève où il reçoit une chaire de linguistique. Il y enseignera notamment le sanskrit, le lituanien et la linguistique générale jusqu'en 1912, où la maladie le contraint à suspendre ses activités. Saussure meurt un an plus tard à Vufflens-le-Château. En 1916, deux de ses anciens élèves, Charles Bally et Albert Séchehaye (1870-1946), publient les notes prises par les étudiants lors de ses cours de linguistique générale des années 1906-1907, 1908-1909 et

1910-1911, constituant le *Cours de linguistique générale*.

LE *COURS DE LINGUISTIQUE GÉNÉRALE*

UNE RÉFÉRENCE POUR LA LINGUISTIQUE MODERNE

Le *Cours de linguistique générale* a eu une importance considérable. Malgré les divergences des différentes écoles et les critiques portant soit sur des problèmes théoriques, soit sur le fait que les notes de cours dont il est issu peuvent être contestées sur certains points, cette œuvre est devenue une référence majeure de la linguistique moderne.

LES APPORTS DE SAUSSURE À LA LINGUISTIQUE

Parmi les points fondamentaux de la linguistique saussu-rienne, on peut citer :

- **la distinction entre langue, langage et parole**. Le lan-gage est l'outil de la communication orale : « Le langage a un côté individuel et un côté social, et l'on ne peut concevoir l'un sans l'autre. En outre, à chaque instant il implique à la fois un système établi et une évolution ; à chaque moment il est une institution actuelle et un pro-duit du passé. » (*Cours de linguistique générale*, p. 24) Le langage est « multiforme et hétéroclite » : il fait interve-nir des éléments psychiques, mais aussi physiologiques. Saussure montre au contraire que la langue, c'est-à-dire l'ensemble des conventions adoptées par le corps social pour permettre la mise en œuvre du langage par la pa-role, est un « tout en soi et un principe de classification ». La langue, dit-il, c'est « le langage moins la parole ». En opérant une distinction entre langue et parole, Saussure introduit une distinction épistémologique d'importance : « L'étude du langage comporte donc deux parties : l'une, essentielle, a pour objet la langue, qui est sociale dans son essence et indépendante de l'individu ; cette étude est uniquement psychique ; l'autre, secondaire, a pour objet la partie individuelle du langage, c'est-à-dire la parole, y compris la phonation [production des sons propres à la langue] : elle est psycholinguistique. » (p. 37) ;

- **la primauté de la langue sur l'écriture**. L'unique objet de l'écriture est de représenter la langue grâce à un système de signes graphiques. Force est de constater que l'écriture bénéficie d'un prestige illusoire (p. 46) : « Donner autant ou plus d'importance à la représentation du signe vocal qu'à ce signe lui-même, c'est comme si l'on croyait que, pour connaître quelqu'un, il vaut mieux regarder sa photographie que son visage. » (p. 45) ;

- **la notion de système**. Saussure a montré que la langue est un système, c'est-à dire un ensemble d'éléments interagissant entre eux par le biais de relations constituant une structure. Le système de la langue est, dit Saussure, « relatif » et « oppositif » : relatif car ses éléments sont liés et toute modification de l'un d'entre eux entraine une modification des autres ; oppositif car le sens d'un élément nait de son opposition à d'autres éléments. À ce titre, Saussure est considéré comme le père du structuralisme en linguistique (bien que le mot « structuralisme » lui soit postérieur), courant qui restera hégémonique jusqu'au milieu du XXe siècle et dont la postérité dépassera largement le cadre des sciences du langage – au sens large, le structuralisme est une doctrine qui tend à privilégier l'approche structurale dans l'étude des productions symboliques humaines ;

- **les notions de synchronie et de diachronie**. Saussure a formalisé la double approche synchronique et diachronique dans l'étude de la langue : l'approche synchronique consiste à étudier l'état de la langue à un instant donné ; l'approche diachronique s'intéresse à l'évolution du signe linguistique au fil du temps. « La synchronie ne connaît qu'une perspective, celle des sujets parlants et toute sa méthode consiste à recueillir leur témoignage. [...] La linguistique diachronique, au contraire, doit distinguer deux perspectives, l'une prospective, qui suit le cours du temps, l'autre *rétrospective* qui le remonte. » (p. 128) Les deux extraits que nous allons commenter sont les deux premiers chapitres de la première partie du *Cours*. Ils sont respectivement intitulés : « Nature du signe linguistique » et « Immutabilité et mutabilité du signe ». Ils posent les bases indispensables à la compréhension des notions qui viennent d'être évoquées.

EXPLICATION ET ANALYSE DU TEXTE

SIGNE, SIGNIFIÉ, SIGNIFIANT

Le terme « **signe** » désigne toute forme de communication porteuse d'un sens ou d'une information : le feu rouge informe le conducteur de la nécessité d'arrêter son véhicule, le logo permet de savoir de quelle organisation on parle, un hochement de tête, en français, indique à un interlocuteur que l'on approuve ce qu'il vient de dire, etc.

Il est donc tentant de penser qu'un signe linguistique met en relation des objets et des noms qui les désignent (la chose qui a quatre pieds et un plateau, je l'appelle *table* ; le quadrupède domestique qui aboie, je l'appelle *chien*, etc.). Or cette conception de la langue, qui a l'avantage de mettre en évidence le fait que le signe linguistique est dual (c'est-à-dire que l'on ne peut parler de signe linguistique sans associer ce que l'on veut signifier à la façon dont on le signifie), est réductrice et Saussure s'en explique dès le début de son *Cours* : « **Le signe linguistique unit non une chose et un nom, mais un concept et une image acoustique.** » (p. 98) Cette distinction entre chose et concept d'une part, et entre nom et image acoustique d'autre part est essentielle :

- un **concept** est une **traduction abstraite et générale de la réalité d'une chose ou d'une situation** : si je dis que dans cette maison il y a vraisemblablement une table, je ne me réfère pas à une table particulière mais à une famille de choses qui ont en commun ce par quoi on peut dire qu'une table est une table (et non pas la couleur, la

forme, le matériau, etc. d'une chose *table* particulière).
De même, si je dis que je vais aller à Paris en avion, je ne
cherche pas à signifier la réalité d'une chose avion particulière (son type, sa date de construction, etc.) mais,
d'une manière générale et abstraite, un certain mode de
transport. S'il n'est pas exclu que je puisse désigner spé-
cifiquement une chose, par exemple en disant « Regarde
comme cet arbre est beau ! », il n'en reste pas moins que
le concept d'arbre préexiste dans l'esprit du locuteur à
l'arbre particulier désigné : c'est précisément parce que
j'ai la connaissance préalable du concept que je sais sans
ambigüité de quelle chose on parle ;

- Saussure précise également que ce par quoi on *signifie*
n'est pas un son, mais « l'empreinte psychique de ce
son », ce qu'il appelle **l'image acoustique**. Ce qu'il veut
souligner par cette expression, c'est qu'il ne faut pas
s'attacher à la trace matérielle (vocale) du son, mais à
l'empreinte qu'il laisse dans notre esprit. Par exemple,
les appareils qui analysent les sons nous révèlent qu'un
« i » prononcé par un homme, une femme ou un enfant
sont des sons différents. Il n'empêche que tout auditeur
français entendant le mot « livre » ([livR□]) comprend
qu'on lui parle d'un livre. Cette non-priorité de l'articula-
tion vocale apparait clairement dès lors que l'on constate
que l'on peut parfaitement se parler à soi-même sans
remuer les lèvres, par exemple en récitant dans sa tête
un poème ou en préparant mentalement les phrases que
l'on va prononcer.

Ainsi, en mettant l'accent sur le concept et sur l'image
acoustique, **Saussure situe le langage dans le domaine**

de l'activité psychique. La chaine linguistique qui relie le locuteur et l'auditeur comporte des étapes physiologiques (la vocalisation), mais la compréhension (donc à fortiori la communication) n'est possible que parce qu'il y a eu une conceptualisation préalablement acquise et une acquisition psychique qui met en relation le son et le concept : « La langue est encore comparable à une feuille de papier : la pensée est le recto et le son le verso ; on ne peut découper le recto sans découper en même temps le verso ; de même dans la langue on ne saurait isoler ni le son de la pensée, ni la pensée du son. » (p. 157)

Dans la suite de son enseignement, Saussure adoptera la terminologie suivante : il appellera **« signifié » le concept** et **« signifiant »** son **image acoustique**. Le terme « signe », quant à lui, désigne l'ensemble des deux entités que sont le « signifié » et le « signifiant ».

L'ARBITRAIRE DU SIGNE

La question de l'arbitraire du signe n'est pas neuve en sciences humaines. Dans le dialogue *Cratyle*, Platon (philosophe grec, vers 427-348/347 av. J.-C.) relate la discussion entre Socrate (philosophe grec, 470-399 av. J.-C.), Hermogène (architecte et théoricien grec, fin du IIIe s.-début du IIe s. av. J.-C.) et Cratyle (philosophe grec, IVe s. av. J.-C.) sur le point soulevé par Hermogène : « Le fait est que, de nature, et originellement, aucun nom n'appartient à rien en particulier, mais bien en vertu d'un décret et d'une habitude. » (*Cratyle*, p. 614). Discussion qui, après l'examen détaillé de plusieurs hypothèses, n'aboutit à aucune conclusion définitive, si ce n'est, dit Socrate, à un accord : « Ce n'est pas des mots qu'il faut partir mais [...] pour apprendre et pour chercher le réel, c'est du réel lui-même qu'il faut partir. » (*Cratyle*, p. 688)

Le principe de **l'arbitraire du signe** peut sembler une évidence : il n'existe aucune raison essentielle ou naturelle pour que le concept d'« épouvantail » soit associé dans le signe à l'image acoustique du son dont la transcription phonétique est [epuvãtaj]. La preuve en est que ce signifié correspond, dans d'autres langues que le français, à des signifiants différents ([ske□kr□ω] [*scarecrow*] en anglais, par exemple). Le signe est donc arbitraire, c'est-à-dire **immotivé**.

Toutefois, l'énoncé de cette évidence demande quelques précautions si l'on veut éviter des contresens :

- le fait que l'on utilise, en français, le mot « épouvantail », et pas un autre, s'explique par la volonté de créer de l'« épouvante », mot issu du verbe latin *expavere* (« craindre, redouter ») qui possède lui aussi une étymologie. Mais cette chaine étymologique permet uniquement de faire reculer dans le temps l'origine du problème, pas d'ôter au signe son caractère arbitraire ;
- l'arbitraire du signe n'a pas pour conséquence que l'on peut dire n'importe quoi, il n'implique pas que « le signifiant [dépende] du libre choix du sujet parlant ». Le signifiant n'est pas libre, mais imposé par l'usage qu'en fait la communauté qui l'utilise, à un instant donné, par l'accord général et tacite, qui conditionne la communication. Nous reviendrons sur cet aspect plus loin.

Saussure examine deux objections possibles au principe de

l'arbitraire du signe : les onomatopées (*glouglou*, *tictac*, etc.) et les exclamations (*Aïe !*), mais il conclut que « les onomatopées et les exclamations sont d'importance secondaire, et leur origine symbolique en partie contestable » (p. 101-102).

La position de Saussure a été discutée par le linguiste français Émile Benveniste (1902-1976) qui estime que si l'on peut parler d'un arbitraire du signe d'un point de vue linguistique (le point de vue du linguiste), il n'en est pas de même pour celui qui parle : « Pour le sujet parlant [qui a appris une certaine langue commandant pour lui un lien direct entre la chose et le nom], il y a entre la langue et la réalité adéquation complète : le signe recouvre et commande la réalité. » (*Problèmes de linguistique générale*, vol. 1, p. 52)

Notons enfin que l'arbitraire du signe ne peut pas, dans tous les cas être considéré comme absolu. Ainsi, par exemple, si l'on peut considérer que le signifiant « poire » est arbitraire, il n'en est pas de même pour « poirier », car ce n'est évidemment pas par hasard que le mot se compose d'une racine issue de « poire » et d'un suffixe que l'on retrouve dans « pommier », « cerisier », etc. Saussure développera ce point dans la suite de son cours (chapitre 6) en introduisant les notions d'arbitraire absolu et d'arbitraire relatif.

LE CARACTÈRE LINÉAIRE DU SIGNIFIANT

L'expression « **caractère linéaire** » signifie que **le signifiant s'exprime dans une seule dimension : le temps**. Saussure expose ce principe dans le premier chapitre, mais le développera davantage dans le chapitre 5 : « Dans le discours, les mots contractent entre eux, en vertu de leur enchaînement, des rapports fondés sur le caractère linéaire de la langue, qui exclut la possibilité de prononcer deux éléments à la fois. Ceux-ci se rangent les uns à la suite des autres sur la chaîne de la parole. » (p. 170)

Si cet aspect peut paraitre évident, il n'est pas commun à tous les systèmes de communication : imaginons un langage gestuel dans lequel le concept « manger » est signifié par la main droite sur la bouche et le concept « pain » par la main gauche sur la tête. On dérogerait au principe de linéarité temporelle en effectuant ces deux signes simultanément pour signifier « manger du pain ».

L'IMMUTABILITÉ DU SIGNE

La langue n'est pas un contrat

La masse des locuteurs est incapable d'agir de manière volontaire sur **la langue**, car celle-ci est **un héritage historique** dont on ne choisit pas les mécanismes. C'est en ce sens qu'on peut dire qu'elle est **immuable et intangible** (on ne peut pas la changer ni s'en saisir) : « Aucune société ne connaît et n'a jamais connu la langue autrement que comme un produit hérité des générations précédentes et à prendre tel quel. » (p. 105)

La langue n'est **pas un pacte négocié**, un contrat. Aucune génération n'a délibéré pour décider de sa manière de parler et aucun fils n'a eu l'impression de parler une autre langue que son père ; or on est pourtant passé, d'une manière continue, du latin vulgaire aux langues romanes.

Considérant les institutions sociales autres que la langue, Saussure note que chacune est sous l'influence de deux facteurs dont l'importance varie selon les cas : « la tradition imposée et l'action libre de la société ». Pourquoi la transmission de la langue est-elle entièrement conditionnée par le premier facteur (la tradition) et exclut-elle « tout changement linguistique général et imposé » ? Saussure développe quatre considérations qui lui semblent essentielles pour répondre à cette question.

Les raisons essentielles de l'immutabilité du signe

- **Le caractère arbitraire du signe**. Puisque le signe linguistique, contrairement par exemple au symbole (pour lequel il existe un lien avec le signifié), est arbitraire, il n'existe aucune base rationnelle pour le discuter : « Pour qu'une chose soit discutée, il faut qu'elle repose sur une norme raisonnable. » Or il n'existe aucun motif de préférer, par exemple, *sœur* à l'anglais *sister* ou à l'espagnol *hermana*.
- **La multitude des signes qui composent la langue**. Supposons qu'un jour, pour des raisons quelconques, la communauté internationale décide de réformer l'alphabet morse (qui est un système de signes arbitraires). C'est une entreprise qui serait réalisable car il n'y aurait à statuer que sur 34 signes. De même, on pourrait, s'il le fallait, réformer l'alphabet, qui ne comporte qu'un petit nombre de signes, mais pas la langue, qui est constituée par une quantité innombrable de signes, ce qui rend une telle entreprise pratiquement impossible.
- **La complexité du système**. La langue n'est pas une

simple compilation de signifiants ; elle est régie par une multitude de règles complexes (morphologiques, logiques, syntaxiques, etc.). Or, sauf exception, les locuteurs ignorent ces règles (ils n'ont d'ailleurs pas besoin de les connaitre pour parler) et n'ont pas la compétence nécessaire pour imposer des modifications linguistiques. Il existe, certes, des spécialistes qui possèdent cette compétence, « mais l'expérience montre que, jusqu'ici, les ingérences de cette nature n'ont eu aucun succès ». À titre d'exemple, on notera que, en France, la plupart des recommandations de l'Académie française restent lettre morte.

- **La résistance de l'inertie collective**. Saussure considère que cette caractéristique « prime [sur] toutes les autres ». Considérons, par exemple, les règles qui régissent l'institution du mariage (monogamie ou polygamie, nationalité des conjoints, etc.). Ces règles ne concernent pas tout le monde (tout le monde ne se marie pas) et ceux qu'elles concernent ne le sont qu'en des occasions rares (on ne se marie généralement qu'un nombre très limité de fois). Si, dans un pays, on envisage une réforme totale ou partielle de l'institution du mariage, cette réforme sera peut-être politiquement difficile à imposer, mais il n'est pas exclu qu'elle aboutisse car ces prescriptions « n'occupent jamais qu'un certain nombre d'individus à la fois et pendant un temps limité ». La langue par contre est la seule institution qui concerne tout le monde et à tout instant ; à ce titre, elle ne laisse aucune place au volontarisme réformateur individuel car « elle fait corps avec la vie de la masse sociale », laquelle est naturellement conservatrice en raison de son inertie (parce qu'il s'agit d'une masse, elle est particulièrement difficile à mouvoir, donc naturellement inerte).

Le rôle du temps

Saussure conclut ses développements sur l'immutabilité du signe en soulignant le rôle fondamental de la continuité temporelle, qu'il appelle « la solidarité avec le passé ». Si l'immutabilité du signe résulte principalement de l'inertie de la masse des locuteurs, on ne doit pas oublier que cette masse transmet un héritage : « Nous disons *homme* et *chien* parce qu'avant nous on a dit *homme* et *chien*. » Il en résulte qu'il existe dans la langue deux facteurs antinomiques liés : l'arbitraire du signe est théoriquement porteur d'une liberté de choix. On peut ainsi imaginer que la masse des locuteurs choisisse de signifier le concept « poire » non pas par le mot *poire* mais par le mot *cerise* : elle ne pourra toutefois pas décider d'exercer sa liberté de choix, car c'est l'histoire, la tradition, et donc le temps, qui ont déterminé que, aujourd'hui, le mot poire désigne le concept « poire ». Pour les raisons que nous avons exposées plus haut, cette détermination est intangible.

LA MUTABILITÉ DU SIGNE

Le fait que Saussure attribue au signe, dans le même chapitre, deux caractéristiques contradictoires (mutabilité et immutabilité) peut sembler surprenant. Nous montrerons qu'il n'en est rien, mais d'ores et déjà il nous semble utile de citer la remarque très éclairante de Tullio de Mauro qui figure dans notre édition de référence : « Par l'opposition de deux termes frappants [Saussure] a voulu simplement marquer cette vérité, que **la langue** se transforme sans que les sujets puissent la transformer. On peut dire qu'elle est **intangible, mais non inaltérable**. » (p. 108, note 1)

L'altération de la langue

L'évolution de la langue est une évidence incontestable qui révèle la mutabilité du signe linguistique : en France par exemple, les manuscrits du XIIIe siècle de *La Chanson de Roland* sont difficiles à lire sans traduction ; même la langue des grands romanciers français du XIXe siècle est suffisamment singulière pour qu'on puisse la dater. Mais le fait que Saussure emploie à ce sujet le mot « altération » est significatif : un matériau qui s'altère est un matériau qui, au fil du temps, **a vu ses propriétés se modifier mais a conservé ses caractéristiques originelles** (son étymologie, les traces de son origine) car « ce qui domine dans toute altération, c'est la persistance de la matière ancienne ». **Le principe d'altération de la langue est inséparable du principe de sa continuité**, comme une montagne qui, parce qu'elle possédait et possède encore certaines caractéristiques minérales s'est érodée au fil des siècles et continuera à s'éroder dans les siècles futurs.

LE DÉPLACEMENT DU RAPPORT ENTRE SIGNIFIÉ ET SIGNIFIANT

Si l'on constate, au fil du temps, une modification de certains signes, deux hypothèses viennent à l'esprit :

- soit il y a eu une modification phonétique du signifiant (le concept est le même mais on le signifie par une image sonore différente) ;

- soit il y a eu une modification du sens du signifié (le concept désigné a évolué). Par exemple, le mot *formidable*, du latin *formidabilis* (« redoutable, terrible »), désignait à l'origine une chose ou une situation effrayante.

Or, selon Saussure, ces hypothèses sont réductrices et toute altération du signe implique « **un déplacement du rapport entre le signifié et le signifiant** ». Ce déplacement est clairement illustré par un des exemples donnés par le linguiste : le verbe latin *necare*, qui signifiait « tuer » s'est altéré jusqu'à devenir le verbe français *noyer* ; on constate qu'il y a eu simultanément une modification phonétique du signifiant et une modification du concept désigné (le signifié). Or, ces deux phénomènes linguistiques n'ont pas besoin d'être analysés séparément : ce qu'on constate *in fine* c'est que, **globalement** (c'est-à-dire du point de vue du signe qui, rappelons-le, désigne le couple signifié-signifiant) il y a eu modification du rapport entre les deux entités : au rapport *necare*/donner la mort d'une manière quelconque, s'est substitué le rapport *noyer*/donner la mort par noyade.

La langue est totalement impuissante. Elle ne peut empêcher, voire contrôler sa propre évolution et son altération est inexorable. Cette impuissance est elle aussi liée à l'arbitraire du signe : il n'y a aucune raison pour que certaines images sonores désignent certains concepts plutôt que d'autres. Dans le binôme du signe, signifié et signifiant évoluent séparément sous la pression de facteurs externes et internes, et cette évolution séparée implique mécaniquement une modification du rapport qui les unit dans le signe. Le déplacement de ce rapport est un phénomène qui affecte toutes les langues et l'idée que l'on puisse créer artificiellement une langue immuable est une utopie. Saussure s'interroge cependant sur l'évolution que connaitra l'espéranto, sur laquelle il ne peut se prononcer, cette langue n'ayant été inventée qu'en 1887.

CONCLUSION

Dans les deux premiers chapitres de la première partie du *Cours de linguistique générale*, Saussure définit certaines des bases essentielles de sa théorie linguistique :

- il précise tout d'abord sa terminologie en appelant « signe » l'ensemble de deux entités, le « signifiant » (image acoustique) et le « signifié » (concept) ;
- il situe le langage dans le domaine de l'activité psychique : la communication n'est possible que parce qu'il y a eu une conceptualisation préalable et une acquisition psychique qui met en relation le son et le concept ;
- il pose le principe de l'arbitraire du signe (absence de relation immédiate et rationnelle entre signifiant et le signifié) ;
- il souligne le caractère linéaire du signifiant (les éléments de la langue s'associent les uns à la suite des autres sur la chaine de la parole) ;
- il expose les raisons de l'immutabilité du signe (la langue est un héritage historique reçu, dont on ne choisit pas les mécanismes) parmi lesquelles, en premier lieu, la résistance de l'inertie collective ;
- il établit qu'il existe dans la langue deux facteurs antinomiques liés : l'arbitraire du signe et la continuité historique de la langue ;
- paradoxalement – mais le paradoxe n'est qu'apparent –, il pose également en principe la mutabilité du signe : l'altération de la langue est un phénomène général et inexorable et consiste toujours en un déplacement du rapport entre le signifié et le signifiant.

Votre avis nous intéresse !
Laissez un commentaire sur le site de votre librairie en ligne
et partagez vos coups de cœur sur les réseaux sociaux !

POUR ALLER PLUS LOIN

- BENVENISTE (Émile), *Problèmes de linguistique générale*, Paris, Gallimard, 1976.
- COLLECTIF (sous la direction d'André Martinet), *Le Langage*, Paris, Gallimard, coll. « Encyclopédie de La Pléiade », 1982.
- MOUNIN (Georges), *La Linguistique du XXᵉ siècle*, Paris, PUF, 1975.
- PLATON, *Cratyle*, Paris, Gallimard, 1950.
- SAUSSURE (Ferdinand), *Cours de linguistique générale*, Paris, Payot, 1981.
- SCHÖN (Jackie), *La Linguistique*, Évreux, Éditions Milan, 2008.

Rendez-vous sur lepetitphilosophe.fr et découvrez :

Plus de 1200 analyses
Claires et synthétiques
Téléchargeables en 30 secondes
À imprimer chez soi

L'éditeur veille à la fiabilité des informations publiées, lesquelles ne pourraient toutefois engager sa responsabilité.

www.lepetitphilosophe.fr

ISBN version numérique : 978-2-8062-5515-0
ISBN version papier : 978-2-8062-5514-3
Dépôt légal : D/2017/12603/551

Conception numérique : Primento,
le partenaire numérique des éditeurs.